Gefühle

WIMMELBUCH

Alexandra Helm

WIMMELBUCHVERLAG

WAS SIND GEFÜHLE?

Wenn du mit deinen Freunden spielst, macht das Spaß. Du bist glücklich. Manchmal kommt es aber auch vor, dass jemand gemein zu dir ist, was dich ärgert oder traurig macht. Vielleicht bist du hin und wieder auch mal richtig wütend, weil du etwas nicht so hinbekommst, wie du es gerne möchtest, oder du hast Angst, etwas Neues auszuprobieren. Freude, Ärger, Trauer, Angst, das alles sind Gefühle. Du spürst sie auf ganz unterschiedliche Art und Weise in deinem Körper. Bei anderen Menschen kannst du sie aber auch erkennen.

FREUDE

Kennst du das Gefühl, wenn man am liebsten vor Freude Luftsprünge machen möchte? Das fühlt sich einfach so gut an. Deine Mundwinkel bewegen sich nach oben und ein Lachen macht sich auf deinem Gesicht breit. Es gibt viele Dinge, die dich glücklich machen können – ein Ausflug mit deiner Familie, ein leckeres Eis, ein neuer Ball oder einfach schönes Wetter. Besonders toll ist es, wenn man mit anderen etwas Schönes erlebt und sich gemeinsam freuen kann oder wenn man sich bei einem Brettspiel für den Gewinner freut, auch wenn Verlieren ein bisschen schmerzt.

Was macht dich glücklich?

TRAURIGKEIT

Niemand möchte traurig sein und trotzdem bist du es von Zeit zu Zeit. Deine Mundwinkel bewegen sich nach unten und Tränen kullern dir über deine Wangen. Manchmal fühlst du dich dabei auch ein bisschen schlapp und müde. Du lässt deinen Kopf und deine Schultern hängen. Der Grund dafür kann ein kaputtes Spielzeug sein, ein Streit mit deinen Freunden oder wenn du dir wehgetan hast oder etwas schiefgelaufen ist. Hin und wieder ist dir einfach zum Heulen zumute. Am besten hilft dann, wenn jemand da ist, der dich tröstet.

Wie tröstest du andere, wenn sie traurig sind?

EKEL

Igitt, das stinkt! Manchmal riecht etwas einfach widerlich – ein Pups, eine Mülltonne in der Sonne oder Rauch, der aus dem Auspuff eines LKWs kommt. Es kann vorkommen, dass du den Geruch auch nicht so schnell aus der Nase bekommst und dir irgendwie übel wird. Du bist dann einfach angeekelt und möchtest so schnell wie möglich weg. Wenn du dir gleich die Nase zuhältst, kann das helfen. Aber nicht nur Gerüche können Ekel bei dir hervorrufen, sondern auch andere Sachen, wie z.B. graues Nieselwetter, verdorbenes Essen oder wenn sich jemand zu einem anderen einfach ekelig verhält.

Was kannst du tun, wenn du etwas ekelig findest?

ÜBERRASCHUNG

Oooh! Kennst du solche Momente, in denen du einfach überrascht bist, weil etwas passiert, mit dem du überhaupt nicht gerechnet hast? Schöne Überraschungen sind, wenn jemand dir zu Hilfe kommt, ohne dass du darum gebeten hast, oder du ein Paket öffnest und darin ein niedliches Stofftier entdeckst. Anders ist es, wenn du plötzlich einen sehr lauten Donner hörst oder dich jemand von hinten schubst. Dein Körper reagiert unterschiedlich darauf – mit weit aufgerissenen Augen oder Zusammenzucken. Du kannst auch im ersten Moment verwirrt sein. Da hilft es, wenn du mal tief durchatmest.

Was war deine schönste Überraschung?

SCHAM

Ein Missgeschick passiert. Du hast etwas kaputt gemacht oder fallen lassen, gepupst oder aus Unachtsamkeit ein unschönes Wort verwendet, das jemanden kränkt. Dann ist dir das unangenehm. Manchmal kann es dir sogar so peinlich sein, dass du am liebsten im Boden versinken würdest. Dir wird ganz heiß, du bekommst rote Wangen, blickst zu Boden oder lächelst verlegen. Es kann auch vorkommen, dass du nervös zappelst und von einem Bein auf das andere trittst. Mit einer ehrlich gemeinten Entschuldigung ist das dann aber auch schnell wieder aus der Welt zu schaffen.

Was war dir schon einmal peinlich?

ÄRGER

Jeder ärgert sich mal. Bestimmt auch du - wenn dir jemand etwas wegnimmt oder einer gemein zu dir ist. Oder wenn du dich auf einen Ausflug freust und der abgesagt wird, weil es regnet. Manchmal gibt es aber auch gar keinen richtigen Grund für schlechte Laune. Aus Wut verziehst du dein Gesicht und kneifst deine Augen zusammen. Stampfst du vielleicht auch mal mit deinem Bein auf den Boden und schreist? Das nennt man dann einen Wutanfall. Meistens dauert es ein bisschen, bis der Ärger verfliegt und du dich wieder besser fühlst.

Worüber hast du dich schon mal geärgert?

LIEBE

Es fühlt sich einfach gut an, geliebt zu werden – irgendwie so wohlig warm in deinem Herzen. Du fühlst dich dadurch stark, sicher und geborgen. Du weißt, es ist immer jemand für dich da. Es gibt dir aber auch ein gutes Gefühl, wenn du andere lieb hast – Mama, Papa, Oma, Opa oder dein Haustier. Manchmal magst du einfach auch etwas ganz besonders gern – ein Lieblingsspielzeug, einen Lieblingsort oder ein Lieblingsessen. Da kann man dann auch schon mal vor lauter Begeisterung Herzklopfen bekommen.

Wen hast du lieb? Was magst du besonders gern?

ANGST

Angst ist ein unangenehmes Gefühl. Du zitterst oder bekommst Gänsehaut, manchmal dreht sich alles in deinem Kopf oder du hast einen Kloß im Hals. Aus Angst kann dir übel werden oder es kommen dir einfach die Tränen. Es gibt unterschiedliche Gründe dafür, dass du Angst bekommen kannst – z.B. wegen einer gruseligen Geschichte, eines lauten Gewitters oder wenn du beim Klettern in die Tiefe blickst. Da hilft es dann, wenn jemand an deiner Seite ist, mit dem du darüber reden kannst und der dich beruhigt.

Was hat dir schon mal Angst gemacht?

SCHAU GENAU HIN!

Mach dich nun im Dorf, im Wolkenpark, im Kindergarten, in Baumhausen, im Schwimmbad und im Zauberschloss auf die Suche nach den unterschiedlichen Gefühlen! Welche kannst du bei den Menschen und Tieren entdecken? Hast du auch eine Idee, warum sie sich so fühlen? Gibt es einen Grund dafür?

Herr Pott ist beim Radfahren gestürzt und hat sich den Arm gebrochen. Seine liebe Nachbarin, Frau Rieke, versorgt ihn mit leckerem Essen.
Lotti hat ihren Stoffhasen zuhause vergessen. Jetzt will sie unbedingt den ihrer Zwillingsschwester Lara haben.
Timo und Matilda freuen sich schon sehr auf ihr Baby, das bald kommt.
zielstrebig
verzückt
Blumen
erwartungsvoll
Café Marella
nachdenklich
Bäckerei Willhelm
fasziniert
gebannt
schweigsam
neugierig
zufrieden
eifersüchtig
tatkräftig
Erdbeeren
unentschlossen
verbunden
erfreut
bemüht
trotzig
ungeduldig
unbekümmert
verärgert
albern
wissbegierig
vergnügt
glücklich
dankbar
vorfreudig
schläfrig

Ben will den Kletterturm für sich alleine haben.
Jasira hat bei einem Malwettbewerb der Feuerwehr für ihr tolles Bild den 1. Preis gewonnen.
mutig
vorsichtig
geknickt
ausgelassen
zutraulich
stur
beeindruckt
FEUERWEHR
gemein
genüsslich
anerkennend
selbstsicher
glücklich
hilfsbereit
zufrieden
zögerlich
verzagt
ungeduldig
neugierig
verzweifelt
nachdenklich
stolz
V
angeekelt
fürsorglich
zerstreut
mitfühlend
eingeschüchtert
verstimmt
ungestüm
uneinsichtig
freundlich
besorgt
aufmerksam
interessiert

Claudio rüttelt an der Schaukel von Sven. Dieser bekommt Angst, was Pegasus Esra zornig macht.
Lena und Aurora probieren heute zum ersten Mal Himmelstörtchen.
Die Luftschiff-Matrosen Ole und Jonas haben sich gezankt. Wann werden sie sich wieder vertagen?
Himmlische Kuchen
nett
überlastet
Coffee
TO FLY
beleidigt
nervös
erschöpft
vorwurfsvoll
traurig
herzlich
fröhlich
zögerlich
genüsslich
betroffen
P+R
zornig
bösartig
satt
hungrig
ungeduldig
ausgelassen
verängstigt
streitlustig
schwach
freudig
müde
durstig
hilfsbereit

Taube Tabea findet es doof, dass Menschen ihren Müll einfach fallen lassen.
Minna ist traurig. Sie würde auch so gern mit dem Heißluftballon fahren.
stolz
aufgeregt
sehnsüchtig
unterstützend
überwältigt
gedankenlos
Wolken Taxi
entrüstet
H
ausgeschlossen
traurig
zärtlich
zugeneigt
zerknirscht
liebevoll
ekelerfüllt
unbeschwert

Erzieherin Anke kennt tolle Übungen mit Bällen. Hannah macht schon eifrig mit.
Luca hat an seinem ersten Kita-Tag ein bisschen Angst. Sein Papa muntert ihn auf.
Erzieherin Lotte ist zufrieden, dass Carla, Lea und Yaris so toll mit den Zahlen-Würfeln spielen.
entspannt
müde
RUHEZONE FÜR MÜDE MONSTER
zugetan
zerknirscht
GARDEROBE
WC
zufrieden
freundlich
nervig
angeekelt
aufmunternd
vernügt
ängstlich
weinerlich
3
2
1
4
neugierig
interessiert
tröstend
ruhig
vorsichtig
aufmerksam
verschlossen
wild
genervt
eifrig
dankbar

Jan erzählt super lustige Geschichten und bringt Igor zum Lachen.
Franzi ist traurig, weil Elena ihr die Puppe wegnimmt. Louis findet das nicht in Ordnung.
warmherzig
unternehmungslustig
vertieft
ausgelassen
fasziniert
begeistert
mürrisch
konzentriert
humorvoll
erheitert
scheu
gelangweilt
traurig
betrübt
fröhlich
ssbegierig
gemein
froh
aufgeregt
einfühlsam
enttäuscht
iert
tadelnd
unsicher
mitfühlend
lebhaft
glücklich
zögerlich
lobend
fleißig
durstig
erschrocken
ebevoll
aufgebracht
fürsorglich
hilfsbereit
hungrig
sehnsüchtig

Herr Renner kümmert sich gut um seinen Hund Spot. Sie gehen oft spazieren. Dafür nimmt er ihn an die Leine.
Anna fühlt sich schlapp und hustet viel. Ihre Mama misst Fieber und gibt ihr einen Hustensaft.
fürsorglich
neugierig
gedankenlos
interessiert
zufrieden
generVt
begeistert
hilflos
vorsichtig
müde
hilfsbereit
unterstützend
überfordert
müde
liebevoll
erfreut
verantwortungsvoll
SPOT
motiviert
zaghaft
tollkühn
unsicher
ermutigend
besorgt
OK KID
entspannt

Frau Piep findet es gar nicht gut, dass Lukas den kleinen Raben ärgert.
Mia tut es sehr leid, dass sie einen Teller hat fallen lassen. Ihre Mama sagt, das ist nicht so schlimm.
Fine kann sich nicht für Ben freuen, sie wäre selbst gerne Mitarbeiterin des Monats geworden.
schlapp
warmherzig
empört
verträumt
aufmerksam
gerührt
beschützend
SHOP
freundlich
ängstlich
hilfsbereit
wütend
neugierig
böswillig
frech
angewidert
verständnisvoll
schuldbewusst
überglücklich
Mitarbeiter des Monats
geliebt
furchtlos
geborgen
missgünstig
unbehaglich
einsam

Samira hat ihre Brieftasche verloren. Gut, dass Nils so hilfsbereit ist und sie ihr wiedergibt.
Liam ist überrascht, wie hoch das 3-Meter-Brett ist.
Papa Paul redet ernst mit seinem Sohn Max. Schon wieder ist er ohne Schwimmflügel im Wasser!
LOS BEN!
AUSGANG
DUSCHEN WCs
M
W
TRIBÜNE
LOS BILAL!
trotzig
zaudernd
fürsorglich
mitfiebernd
erfreut
zögerlich
10 m
3m
mürrisch
bewundernd
mutig
besorgt
überrascht
verliebt
genießerisch
angeekelt
verwundert
staunend
ernst
interessiert
still
nachdenklich
ängstlich
beschützend
betrübt
verständnisvoll
aufgeregt
tierlieb

ist froh,
ngecremt wird.
mag das
aupt nicht.
Kann das sein,
dass da ein Haifisch im
Becken schwimmt?
Tarik ist verwirrt.
ifernd
ückgewiesen
schläfrig
POMMES
zweifelnd
KRAKEN
SPLASH
empört
aufgeregt
energiegeladen
grummelig
traurig
witzig
vorfreudig
knauserig
verwirrt
ausgelassen
verträumt
sauer
selig
schlecht gelaunt
achtsam
besorgt
sorglos
gut gelaunt
vorsichtig
verärgert
deprimiert
generut
boshaft
ungezogen
streitlustig

Emil hat Zaubertrank in den Kochtopf geschüttet. Alles ist voller Rauch und es stinkt fürchterlich. Er entschuldigt sich beim Koch.
Rio ist total wasserscheu. Heute wird er zum ersten Mal von Zauberin Luna gebadet. Pegasus Pünktchen hilft mit.
Elsbeth ist keine gute Verliererin. Mit einem Satz hat sie die Spielfiguren vom Tisch gefegt.
entspannt
strebsam
eifrig
ratlos
zögerlich
bestärkend
zufrieden
übel
übermütig
behutsam
geduldig
abwartend
peinlich berührt
belohnend
hilfsbereit
verstimmt
konzentriert
erschrocken

Jaro ist niedergeschlagen, weil er versehentlich seinen Zauberstab zerbrochen hat. Igor hat kein Verständnis dafür, aber Luki tröstet ihn.
Drachling Naima übt fleißig das Feuerspeien. Amalia ist beunruhigt, dass sie etwas in Brand stecken könnte.
zickig
triumphierend
jähzornig
glückselig
beunruhigt
hochmotiviert
engagiert
Prof. Malaki
verblüfft
erstaunt
wissensdurstig
aufmerksam
fasziniert
zuversichtlich
entzückt
herzlich
heiter
verstimmt
tröstend
beschwingt
gesellig
niedergeschlagen
neugierig
verlegen
lustig
verspielt
verknallt

Gefühle WIMMELBUCH

Mit über 200 Begriffen, die Kindern helfen sollen, gut durch die Gefühlswelt zu navigieren.

Was sind Gefühle? Freude, Ärger, Traurigkeit, Angst, Scham, Ekel, Liebe und Überraschung. Du kennst sie alle, hast sie schon mal in dir gespürt oder bei anderen gesehen. Wähle ein Wimmelbild aus und wir machen uns gemeinsam auf die Suche nach ihnen. Mit welcher Seite willst du beginnen? Besuchen wir das Dorf, den Wolkenpark, den Kindergarten, Baumhausen, das Schimmbad oder das Zauberschloss? Lass uns herausfinden, was die Bewohner dort machen und wie sie sich fühlen. Kleine Anregungen findest du in den Wölkchen am Himmel. Erzähle auch von dir und deinen Erlebnissen – was hat dich gefreut, geärgert oder traurig gemacht? Mit einer kreativen, ganz persönlichen Geschichte in einer der zauberhaften Wimmelwelten klappt das Sprechen über Gefühle besonders gut.

Gefühle erkennen und benennen: Kinder werden oft von ihren Gefühlen überwältigt und reagieren sehr emotional. Vieles erleben und spüren sie zum ersten Mal und es kann ihnen Schwierigkeiten bereiten, dies richtig einzuordnen oder zu verarbeiten. Sprache ist dabei ein wichtiges Instrument, damit sie besser mit ihren eigenen Gefühlen und denen anderer umgehen können. Das gibt ihnen Sicherheit und stärkt ihr Selbstbewusstsein. So sind sie gut gewappnet für die Herausforderungen des Lebens.

In diesem Wimmelbuch geht es um Gefühle, aber auch um Emotionen, Befindlichkeiten, Gemütszustände und oft synonym verwendete Begrifflichkeiten.

ISBN: 978-3-948638-94-8

Printed in EU 2026

Bei Fragen zur Produktsicherheit wenden Sie sich bitte an post@wimmelbuchverlag.de

www.wimmelbuchverlag.de
Adrian & Wimmelbuchverlag GmbH
Friedrichstr. 126, 10117 Berlin

SachsenDruck
Die Pappebuchexperten